Maria Puchol

Abdo
EL ABECEDARIO
Kids

abdopublishing.com

Published by Abdo Kids, a division of ABDO, PO Box 398166, Minneapolis, Minnesota 55439.
Copyright © 2018 by Abdo Consulting Group, Inc. International copyrights reserved in all countries.
No part of this book may be reproduced in any form without written permission from the publisher.

Printed in the United States of America, North Mankato, Minnesota.

102017

012018

 THIS BOOK CONTAINS
RECYCLED MATERIALS

Photo Credits: iStock, Shutterstock

Production Contributors: Teddy Borth, Jennie Forsberg, Grace Hansen

Design Contributors: Christina Doffing, Candice Keimig, Dorothy Toth

Publisher's Cataloging in Publication Data

Names: Puchol, Maria, author.

Title: Oo / by Maria Puchol.

Description: Minneapolis, Minnesota : Abdo Kids, 2018. | Series: El abecedario |
    Includes online resource and index.

Identifiers: LCCN 2017941879 | ISBN 9781532103155 (lib.bdg.) | ISBN 9781532103759 (ebook)

Subjects: LCSH: Alphabet--Juvenile literature. | Spanish language materials--Juvenile literature. |
    Language arts--Juvenile literature.

Classification: DDC 461.1--dc23

LC record available at https://lccn.loc.gov/2017941879

Contenido

La Oo 4

Más palabras
con Oo 22

Glosario 23

Índice 24

Código Abdo Kids 24

La Oo

La **o**ficina del papá de **O**livia está **o**rdenada.

La Oo

El mes de **o**ctubre en Oceanía no es **o**tño, es primavera.

El mes de **o**ctubre en Oceanía

n**o** es **oto**ño, es primavera.

La Oo

Algunas **o**vejas tienen el pel**o** **o**scur**o**.

La Oo

Los hermanos juegan con las olas a la orilla del océano.

La Oo

Omar está **ocupado**.

La Oo

Olga n**o** quiere **o**ír l**o** que dice **O**svald**o**.

La Oo

Ori**o**l **o**culta su libr**o**.

La Oo

Aquí hay más de **o**chenta **o**bjet**o**s.

La Oo

¿Cuántos lados tiene un **o**ct**ó**g**o**n**o**?

(**o**ch**o**)

21

Más palabras con Oo

oasis

observar

órbita

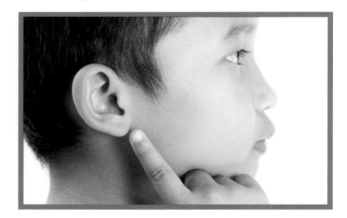

oreja

Glosario

Oceanía
es el continente más pequeño de la Tierra; está formado por islas y la más grande es Australia.

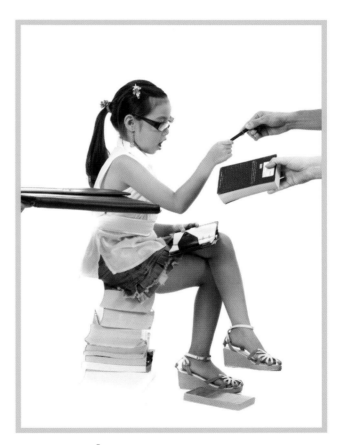

ocupado
cuando hay muchas cosas que hacer.

Índice

objetos 18

Oceanía 6

ochenta 16

ocho 20

octógono 20

octubre 6

ocultar 16

oficina 4

oír 14

ordenado 4

orilla 10

ovejas 8

abdokids.com

¡Usa este código para entrar en abdokids.com y tener acceso a juegos, arte, videos y mucho más!

Código Abdo Kids:
EAK2998